Patrhick Bakatumana

Le Chrétien et la Spiritualité

Patrhick Bakatumana

Le Chrétien et la Spiritualité

Traité ésotérique chrétien

Éditions Croix du Salut

Cover image: www.ingimage.com

Publisher:
Éditions Croix du Salut
is a trademark of
Dodo Books Indian Ocean Ltd. and OmniScriptum S.R.L publishing group

120 High Road, East Finchley, London, N2 9ED, United Kingdom
Str. Armeneasca 28/1, office 1, Chisinau MD-2012, Republic of Moldova, Europe
Printed at: see last page
ISBN: 978-620-3-84632-4

PREFACE

Une divergence d'idées et de vision existe entre ceux qui se trouvent au bas (pied) de la montagne et celui qui est sur la même montagne. La terre est pleine d'individu très diversifiés : de sexe différents ayant chacun un caractère très particulier, des habitudes, langues, tailles, couleur, forme, cultures encore très différentes, etc.

Dans cette diversité, les humains sont appelés à vivre ensemble et à préserver la progéniture (race). Disons, la diversité dans l'unité. Un de plus grand défis que l'Homme doit relever durant toute sa vie. Et cela demande beaucoup d'énergie, de tolérance, de personnalité. La question qui me monte à l'esprit : « comment le créateur gère toute cette diversité d'espèces ? », car pour nous les humains vous trouverez qu'il y en a qui quittent même leur milieu de résidence pour faire un domicile loin de leurs semblables, même dans une forêt, mais ils reviennent souvent soit chercher une femme ou un homme quel que soit le cas. C'est comme si on est toujours appelé à vivre ensemble ; on a toujours besoin de l'autre, on est incomplet seul, …

Pouvais-je alors faire un monde où je vis seul sans l'autre ? Vais-je me suffire à moi-même ? Comment pourrais-je vivre avec les autres en paix ? Sont les quelques questions qui pourront vous venir un jour à l'esprit.

De ce qui précède, une petite réflexion me vient : « je n'existe pas par moi-même, je ne suis pas directement devenu grand. » Partant de quelque chose pour une autre : « Il y a eu quelqu'un quelque part qui a pris tout son temps pour m'apprendre à lire, à écrire l'alphabet, à compter les chiffres, à avoir une belle écriture, … » Et c'est ainsi qu'aujourd'hui je puis être fier de ce que je suis, voir même me gonfler d'orgueil comme-ci tout ce que je suis, je le suis devenu de moi-même instantanément.

Le point de départ de la vie réside dans l'union (accouplement) de l'homme et de la femme ou ce que je vais appeler autrement la magie sexuelle qui produit encore un autre être semblable aux parents (géniteurs) qui lui aussi vient au monde avec ses spécificités. Aucun d'entre les parents ne sait ce qu'est l'embryon, le fœtus et qu'est-ce qu'il sera dès qu'il naitra. Mais espérant contre toute espérance, les parents croient du moins qu'un enfant naitra. Là encore, un autre problème surgis, l'enfant sera normal, un monstre, un siamois, un daltonien… ce qui est sûr et certains, ils attendent la naissance d'un bébé normal. Tout le monde est dans la joie à la nouvelle de la naissance du bébé, mais encore une incertitude de la faite que personne ne sait si l'enfant sera géant, court, mince, gros ? Alors là commence l'impasse dans la tête des parents.

Vient encore un autre problème, l'avenir de cet enfant. Or s'il y a un domaine que l'homme ne parvient pas jusque-là à maitriser c'est l'avenir. Mais nous imaginons quelques fois ce que peut devenir demain toujours dans l'incertitude et le tâtonnement.

C'est pragmatique cette situation au point où nous nous demandons alors :

1.De qui est la vie ?

2.Qui dirige la vie (dessein) ?

3.A qui sont les destinées de l'homme ?

Nous essayerons de répondre à ces trois questions qui ont fait l'objet de notre recherche.

Ce travail est subdivisé alors en trois parties en partant de ces trois questions clef de notre réflexion.

L'auteur

1ère PARTIE : DE QUI EST LA VIE ?

LA LUTTE POUR L'EXISTENCE

Historiquement parlant, l'homme vient d'une certaine évolution du singe au fil du temps. Et depuis cette théorie, aucun autre singe n'a pu évoluer aussi comme celle qui est devenu homme. Il y a plusieurs théories qui parle du début de l'homme dont : les biologistes, les philosophes, …tant soit peu dans tous les domaines moins encore, aucun d'entre eux n'a pu décrire clairement l'origine de l'homme, ni alors d'où venait le premier singe comme certaines théories le déclarent. Entre autre limités à leurs savoirs (pensées), ils demeurent toujours incertains dans leurs déclarations.

Rien de grave, poussons encore notre réflexion vers l'horizon devant nous : « Un horloger monte une horloge et un jour l'horloge pense qu'elle existe par elle-même, mais en vain. Alors, elle se pose des questions sur son origine incertaine, au fil du temps si l'horloger ne peut lui révéler son origine, il n'en découvrira rien. Donc seul l'horloger peut jouer un grand rôle dans cette histoire. Un catalogue est alors de grande importance à ce stade ici, les utilisateurs pourront le lire et comprendre tout sur l'horloge ».

Une énigme populaire : « D'où vient l'œuf ? – l'œuf vient de la poule. D'où vient la poule ? – la poule vient de l'œuf et alors d'où viennent la poule et l'œuf ?

Parlant d'origine, seul un le concepteur (créateur) peut révéler (inspirer) à qui il veut le secret de la création (conception). Sinon, seul celui qui a commencé une invention peut vous parler de ses colonnes (idées, plans, stratégies...). Nous voyons encore un livre qui nous parle des origines de la vie, c'est la sainte Bible (livre sacré) qui essaie de convaincre la majorité des chercheurs en lisant Genèse 1,1. D'actualité, seule celui qui a écrit son livre vous racontera d'où il a été recueillir ses idées, les motivations qui l'ont poussé à écrire. (Jean 1,1) ;

Nous voyons cela encore dans le livre de Job 41,2 ; Job 40, 1-9 ; Job 40, 10-19 ; le verset 10 du 40è chapitre du livre de Job, stipule que : « *Voici l'hippopotame, à qui j'ai donné la vie comme à toi...* », Comprenons ensemble que ce Dieu qui a donné la vie à tout être vivant même à l'homme. D'après les théologiens, le livre de Job est l'un de premier livre de la Bible que Dieu lui-même inspira aux hommes. Donc le faiseur (créateur) de l'homme interpelle sa créature fait à sa ressemblance.

A celui qui a la révélation, la connaissance lui est ajoutée (augmentée) car le Savoir est différent de la connaissance. C'est ainsi qu'il est écrit : « Au dernier temps, la connaissance augmentera (Daniel 12, 4 ; Philipiens 1,9). Cela veut dire que Dieu va libérer un Esprit de connaissance sur les personnes et ainsi vous verrez des inventions car celui le dispensateur et il donne à qui il veut (chrétien ou païens, blanc ou noir, grand ou petit, riche ou pauvre) sans distinction de race ou autre.

Sur terre, nous avons les forts et les faibles, les maitres et les serviteurs, les seigneurs et les esclaves, les libres et les captifs, les prisonniers et les délivrés. Les principes de la terre, c'est Dieu qui les a établis (Job 38, 4-10). Un biologiste fait son étude et il conclut '' *La Sélection Naturelle*'' ou '*'La persistance du plus apte''*, « Naturaliste anglais Charles Darwin, ***De l'origine des espèces au moyen de la sélection naturelle***» : '' Si, au milieu des conditions changeantes de l'existence, les être organisés présentent des différences individuelles dans presque toutes les parties de leur structure, et ce point n'est pas contestable ; s'il se produit, entre les espèces, en raison de la progression géométrique de l'augmentation des individus, une lutte sérieuse pour l'existence à un certain âge, à une certaine saison, ou une période quelconque de leur vie, et ce point n'est certainement pas contestable ; alors, en tenant compte de l'infinie complexité des rapports mutuels de tous les êtres organisés et de leurs rapports avec les conditions de leur existence, ce qui cause une diversité infinie et avantageuse des structures, des constitutions et des habitudes, il serait très extraordinaire qu'il ne se soit jamais produit des variations utiles à la prospérité de chaque individu, de la même façon qu'il s'est produit tant de variations utiles à l'homme.

Mais, si des variations utiles à un être organisé quelconque se présentent quelques fois, assurément les individus qui en sont l'objet ont la meilleure chance de l'emporter dans la lutte pour l'existence ; puis, en vertu du principe si puissant de l'hérédité, ces individus tendent à laisser des descendants ayant le même caractère qu'eux ». Ce principe conduit au perfectionnement de chaque créature, relativement aux conditions organiques de son existence ; et, en conséquence, dans la plupart des cas, à ce que l'on peut regarder comme progrès de l'organisation… La sélection naturelle conduit aussi à la divergence des caractères ; car, plus les êtres organisés diffèrent les uns des autres sous le rapport de la structure, des habitudes et de la constitution, plus la même région peut en nourrir un grand nombre ; nous en avons eu la preuve en étudiant les habitants d'une petite région et les productions acclimatées. Par conséquent, pendant la modification des descendants d'une espèce quelconque, pendant la lutte incessante de toutes les espèces pour s'accroître en nombre, plus ces descendants deviennent différents, plus ils ont de chances de réussir dans **la lutte pour l'existence**. Aussi, les petites différences qui distinguent les variétés d'une même espèce tendent régulièrement à s'accroître, jusqu'à ce qu'elles deviennent égales aux grandes différences qui existent entre les espèces d'un même genre, ou même entre des genres distincts. ***Source : Darwin (Charles), l'Origine des espèces, trad. par Edmond Barbier, Paris, la Découverte, 1980***.

Le fort englouti le faible. L'utilisation d'un organe entraine son développement, le non utilisation entraine sa diminution. Le même principe se répercute : la loi du plus fort est toujours la meilleure, que le plus fort l'emporte… Le faible conçoit un engin, faute de force (argent), il recourt à l'homme fort (le riche) que lui. Celui-ci, lui impose la marque (signe, logo) à placer sur son engin inventé car il mettra sa force (argent) en jeux pour la production et reproduction de cet engin. Ainsi s'en suit la mise en vente (marketing, la visibilité, la commercialisation, etc.).

En réalité ce n'est pas l'œuvre de l'homme fort, mais plutôt celle du faible ; or les signes visibles sur l'engin sont ceux du fort. Il vous fait croire, vous le public que c'est son œuvre, celui qui est à l'origine de cette invention. Tandis que, la réalité c'est que l'homme faible illuminé (révélé) par Dieu en est l'inventeur. Lève-toi, sois éclairée ; des nations marchent à ta lumière. (Esaïe 60,1-4 : **1** *Lève-toi, sois éclairée, car ta lumière arrive, Et la gloire de l'Éternel se lève sur toi.* ***2*** *Voici, les ténèbres couvrent la terre, Et l'obscurité les peuples ; Mais sur toi l'Éternel se lève, Sur toi sa gloire apparaît.* ***3*** *Des nations marchent à ta lumière, Et des rois à la clarté de tes rayons.* ***4*** *Porte tes yeux alentour, et regarde : Tous ils s'assemblent, ils viennent vers toi ; Tes fils arrivent de loin, Et tes filles sont portées sur les bras*.)

Au verset 2 du chapitre 42, Job reconnais que l'Eternel peu tout et que rien ne s'oppose à ses pensées. (Job 42, 1-4 ; ***Réponse finale de Job 1*** *Job répondit à l'Éternel et dit :* ***2*** ***Je reconnais que tu peux tout, Et que rien ne s'oppose à tes pensées***. ***3*** *Quel est celui qui a la folie d'obscurcir mes desseins ? Oui, j'ai parlé, sans les comprendre, De merveilles qui me dépassent et que je ne conçois pas.* ***4*** *Écoute-moi, et je parlerai ; Je t'interrogerai, et tu m'instruiras*.)

Créant l'homme, Dieu a placé en lui la pensée de l'éternité (ecclésiaste 3,11. ***11*** *Il fait toute chose bonne en son temps ; même il a mis dans leur cœur* ***la pensée de l'éternité,*** *bien que l'homme ne puisse pas saisir l'œuvre que Dieu fait, du commencement jusqu'à la fin.),* mais il ne l'a pas fait éternel. C'est ainsi, que Job dit encore ***Quel est celui qui a la folie d'obscurcir mes desseins ?*** (Job 42,3). L'homme a ses désirs, Dieu aussi les siens. Alors qu'est ce qui arrive à l'homme ? ses propres désirs ou ceux de Dieu. La réponse est ceux de Dieu en général. Si ceux de l'homme s'accomplissent, il veut enseigner à l'homme quelque chose.

De ce qui précède, nous pensons que la vie est de Dieu, l'homme pareillement. C'est Dieu qui donne la vie et la reprend au moment opportun. Dieu est la source de toute chose, donc la vie est de Dieu. Car la terre sera remplie de la connaissance de la gloire de l'éternel, comme le fond de la mer par les eaux qui le couvrent (Habakuk 2,14 ; ***14*** *Car la terre sera remplie de la connaissance de la gloire de l'Éternel, Comme le fond de la mer par les eaux qui le couvrent.*). Or la gloire de Dieu c'est de cacher les choses, la gloire des rois, c'est de sonder les choses (Proverbes 25,2 ; ***2*** *La gloire de Dieu, c'est de cacher les choses ; La gloire des rois, c'est de sonder les choses.*) Seul le créateur de l'univers, le Dieu tout puissant, notre Père dans les cieux, Elohim détient les clefs de la vie.

2è PARTIE : QUI DIRIGE LA VIE ?

LE BUT DE MON EXISTENCE

Tant absurde soit-elle, le bénéficiaire de la vie en fait ce qui lui semble bon. Il est écrit : ***15*** *Vois, je* ***mets aujourd'hui devant toi la vie et le bien, la mort et le mal****.* ***16***
Car je te prescris aujourd'hui d'aimer l'Éternel, ton Dieu, de marcher dans ses voies, et d'observer ses commandements, ses lois et ses ordonnances, afin que tu vives et que tu multiplies, et que l'Éternel, ton Dieu, te bénisse dans le pays dont tu vas entrer en possession. ***17*** *Mais si ton cœur se détourne, si tu n'obéis point, et si tu te laisses entraîner à te prosterner devant d'autres dieux et à les servir,* ***18*** *je vous déclare aujourd'hui que vous périrez, que vous ne prolongerez point vos jours dans le pays dont vous allez entrer en possession, après avoir passé le Jourdain.* ***19 J'en prends aujourd'hui à témoin contre vous le ciel et la terre : j'ai mis devant toi la vie et la mort, la bénédiction et la malédiction. Choisis la vie, afin que tu vives, toi et ta postérité,*** ***20*** *pour aimer l'Éternel, ton Dieu, pour obéir à sa voix, et pour t'attacher à lui : car de cela dépendent ta vie et la prolongation de tes jours, et c'est ainsi que tu pourras*

demeurer dans le pays que l'Éternel a juré de donner à tes pères, Abraham, Isaac et Jacob. (Deutéronome 30, 15-20).

L'homme a le libre arbitre de sa marche durant sa vie sur la terre. L'homme n'est pas maitre de son souffle pour pouvoir le retenir et il n'a aucune puissance sur le jour de la mort. Ecclésiaste 8,8. ***8 L'homme n'est pas maître de son souffle pour pouvoir le retenir, et il n'a aucune puissance sur le jour de la mort*** *; il n'y a point de délivrance dans ce combat, et la méchanceté ne saurait sauver les méchants.*

Proverbes 19,21 ;(***21 Il y a dans le cœur de l'homme beaucoup de projets****, Mais c'est le dessein de l'Éternel qui s'accomplit.)* alors que la mort et la vie sont au pouvoir de la langue (Proverbes 18,21), *Le souffle de l'homme est une lampe de l'Éternel ;* Il pénètre jusqu'au fond des entrailles (Proverbes 20,27).

Sachant que plusieurs questions montent dans le cœur de l'homme même sous la douche, un jour Jésus se met à parler : **8** Ne leur ressemblez pas ; car votre Père sait de quoi vous avez besoin, avant que vous le lui demandiez. **9** Voici donc comment vous devez prier : **Notre Père** qui es aux cieux ! Que ton nom soit sanctifié ; **10** que ton règne vienne ; que ta volonté soit faite sur la terre comme au ciel. (Mathieu 6, 8-10).

L'introduction de cette prière est ''*Notre père qui es aux cieux*'', en d'autre terme, Jésus voulait dire : « *Père, toit qui a fait le ciel et la terre, la terre et tout ce qu'elle renferme te sont soumis, c'est de toi que tout nous vient.* » Que l'homme reconnaisse que l'auteur de sa vie, c'est Dieu ; le créateur de l'homme c'est Dieu, et il fait *tout avec un but* (Proverbes 16, 4 : ***4*** *L'Éternel a tout fait pour un but, Même le méchant pour le jour du malheur.) ;*

Donc le but pour lequel j'ai été créé, seul mon créateur le sait, il faut qu'il me le révèle afin que je marche en accomplissant ce dont pour lequel j'ai été créé (*le but de mon existence*). Mais, si l'Eternel ne me révèle rien du tout, je vagabonderais partout sans rien faire, car j'ignore ce à quoi j'ai été envoyé sur la terre.

La vraie direction de la vie, c'est Dieu qui la donne. C'est comme un schéma directeur dans la réalisation d'un projet. C'est comme aussi un algorithme dans la réalisation des logiciels. Laisse Dieu te diriger dans tout tes sentiers pendant tous les jours de ta vie ici-bas sur terre, confie-toi à l'Eternel, c'est ainsi que Dieu donne un conseil « mais toi choisi la vie » ;

Nous avons ceux qui croient en Dieu et ceux qui ne croient pas non plus. Ceux qui ne croient pas en Dieu finissent à leur dernier souffle de vie par dire que Dieu existe. Le livre de Jacques chapitre 2, du 19è au 20è verset : ***19** Tu crois qu'il y a un seul Dieu, tu fais bien ;* ***les démons le croient aussi, et ils tremblent.*** ***20** Veux-tu savoir, ô homme vain, que la foi sans les œuvres est inutile ?*

Toi qui crois que Dieu existe, prouve-le et n'aie pas honte de le démontrer. Pour ce, le Directeur de la vie reste Dieu seul.

Partant de cette logique, au centre de tout ce qui existe et n'existe pas, Dieu est là. Et il révèle ce mystère à qui il veut. Le point de départ, c'est la révélation. Celui qui a la révélation est illuminé, celui qui n'est pas illuminé est dans les ténèbres.

Entre autre :

- **Révélation** = lumière, sagesse, élévation, Avenir, Elargissement, Epanouissement, Bonheur, Jouissance, Liberté, Vision, Guérison, Richesse, Gloire, …
- **Manque de révélation** = Ténèbres, folie, Aveuglement, Limitation, blocage, non-sens, …

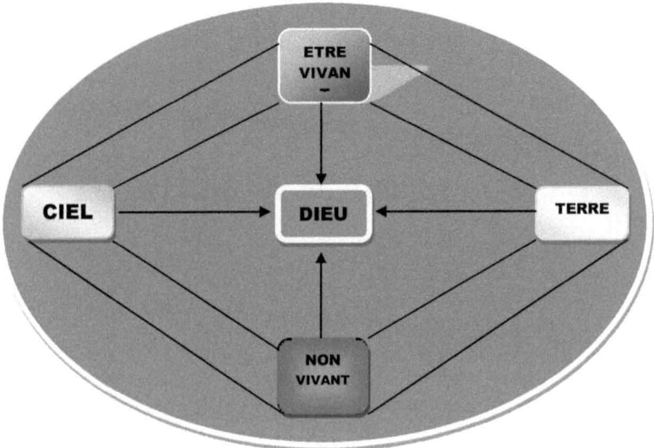

Fig. 1. La dépendance de tout être à Dieu

La vision étant la manière de voir (perception par l'œil du monde extérieur), plus la vision est nette, plus tu vois très bien et ta marche est très rapide et précise. Le problème d'une bonne vision dépend de la position, c'est-à-dire que tu peux avoir une bonne vision, mais dans l'obscurité tu auras un sérieux problème ; même tout en étant dans un milieu que tu maitrise très bien le jour tel ta maison, tu seras limité. Mais quand tout autour de toi, rien ne s'y trouve, la vision s'élargie le jour et l'horizon s'ouvre très grand devant.

A ce stade, le changement commence quand on franchi une montagne vers sa cime (son sommet). Là encore l'horizon s'élargie d'avantage que comme sur une plaine. Je comprends que l'homme monte en élévation, plus il monte, plus il saisit le vent et plus l'horizon s'ouvre encore devant lui.

LA VISION SUR LA MONTAGNE & AU BAS DE LA MONTAGNE

J'ai essayé de définir à ma compréhension la vision et la montagne ; d'où est ce que j'ai tiré cette pensée de la montagne et de la vision.

L'idée d'éditer cet article m'est venu de la lecture d'un récit biblique, celui de Moïse quand il monte sur le Mont Sinaï. **Exode 24,15-18** « *15 Moïse monta sur la montagne, et* ***la nuée couvrit la montagne****. 16* ***La gloire de l'Éternel reposa sur la montagne de Sinaï****, et* ***la nuée*** *la couvrit pendant six jours. Le septième jour, l'Éternel appela Moïse du milieu de la nuée. 17* ***L'aspect de la gloire de l'Éternel était comme un feu dévorant sur le sommet de la montagne****, aux yeux des enfants d'Israël. 18 Moïse entra au milieu de la nuée, et il monta sur la montagne. Moïse demeura sur la montagne quarante jours et quarante nuits.* »

Lisant aussi le même livre au 32è chapitre verset 1er,

Le veau d'or

1 Le peuple, voyant que Moïse tardait à descendre de la montagne*, s'assembla autour d'Aaron, et lui dit: Allons! fais-nous un dieu qui marche devant nous, car ce* ***Moïse, cet homme qui nous a fait sortir du pays d'Égypte, nous ne savons ce qu'il est devenu.***

Comparé à notre vécu quotidien, j'ai encore eu une autre inspiration pour la résolution des certains problèmes de la vie dont nous faisons le plus souvent abstraction or ils sont très capitaux à notre vie.

Ecrivant ce livre, mon vœu le plus ardent est que chacun y trouve sa part. Je vais essayer de parcourir un peu toute les couches de la vie à tous les stades.

PRESENTATION DE MOISE (une petite histoire)

Moïse, dans l'Ancien Testament, prophète et législateur hébreu. Les trois grandes religions monothéistes se réclament de Moïse. Appelé **Mosheh** dans le *judaïsme*, **Moïse** dans le *christianisme* et **Mûssa** dans *l'islam*, il occupe une place primordiale dans la hiérarchie des personnages de l'Ancien

Testament : il est le rassembleur du peuple juif, celui qui a reçu de Yahvé les Dix Commandements (ou Décalogue) et qui les a transmis à son peuple. L'histoire de ce personnage majeur des cinq premiers livres de la Bible (le Pentateuque) est pour l'essentiel relatée dans l'Exode et le Deutéronome.

Né à Goshen, dans l'Égypte ancienne (peut-être au XIIIe siècle av. J.-C.), *Moïse appartient à la tribu de Lévi*, l'une des douze tribus hébraïques qui a migré en Égypte au XVIIe siècle av. J.-C. ; fils d'Amran et Yokèbed, il a pour frère Aaron et pour sœur Miriam.

La jeunesse de Moïse revêt un caractère particulier. En effet, peu avant sa naissance, le pharaon d'Égypte a ordonné la persécution des Hébreux et la mise à mort de tous leurs nouveau-nés de sexe masculin. Pour sauver son fils, la mère de Moïse place ce dernier dans une corbeille qu'elle dépose dans les roseaux sur une rive du Nil (Exode, II, 4 ; Livre des Nombres, XXVI, 59). L'enfant est recueilli par la fille du pharaon, qui prend pitié, l'adopte et l'élève comme un prince. Elle lui donne le nom de Moïse car, dit la Bible, elle l'a « tiré des eaux » — l'origine du nom Moïse remonte plus probablement au terme égyptien ***Mosu*** (« fils » ou « enfant »).

Devenu adulte et conscient de ses origines, Moïse découvre la misère de son peuple alors qu'il visite l'un des chantiers où travaillent les Hébreux. Sa révolte le pousse à tuer un Égyptien qui persécute l'un des siens. Après son crime, Moïse fuit l'Égypte et gagne le pays de Madiân.

Va, je t'envoie auprès de Pharaon, fais sortir d'Egypte mon peuple, les Israélites. Dans le désert de Madiân, Moïse rencontre le prêtre Jéthro dont il épouse l'une des filles, Cippora. Un jour, alors qu'il se rend à la montagne de Dieu (l'Horeb, également appelé mont Sinaï) pour faire paître le troupeau de son beau-père, l'ange de Dieu lui apparaît dans une flamme, au milieu d'un buisson. De ce Buisson ardent, qui ne se consume pas malgré les flammes, émane la voix de Dieu qui révèle à Moïse la mission qui lui est confiée — « Va, je t'envoie auprès de Pharaon, fais sortir d'Égypte mon peuple, les Israélites. » — et son nom : Yahvé, le Dieu d'Abraham, le Dieu d'Isaac et le Dieu de Jacob (Exode, III, 10-15).

Fort de la révélation divine au Buisson ardent, Moïse revient en Égypte afin de délivrer le peuple hébreu de l'esclavage et de le guider vers la Terre promise, le pays de Canaan. Aidé de son frère Aaron et doté par Yahvé du don de faire des miracles, Moïse obtient une audience auprès du souverain égyptien auquel il demande de laisser le peuple juif célébrer la Pâque dans le désert. Le pharaon refuse — malgré le miracle du bâton d'Aaron transformé en serpent (Exode, VII, 8-13) — et intensifie les persécutions contre les Hébreux. Moïse ne se décourage pas, intercède à nouveau mais n'obtient que refus de la part du roi.

Afin de prouver son omnipotence, Yahvé intervient alors directement en faisant s'abattre une série de fléaux sur l'Égypte :

1) L'eau du Nil est changée en sang (Exode, VII, 14-25) ;
2) Des grenouilles envahissent le pays (Exode, VII, 26-29 ; VIII, 1-11) ;
3) La poussière du sol se change en d'innombrables moustiques (Exode, VIII, 12-15) ;
4) Des taons pénètrent dans toutes les maisons du pays (Exode, VIII, 16-28) ;
5) La peste s'abat sur le bétail égyptien (Exode, IX, 1-7) ;
6) Une épidémie d'ulcère et de furonculose atteint les Égyptiens et leurs bêtes (Exode, IX, 8-12) ;
7) Une grêle ravage le royaume (Exode, IX, 13-35) ;
8) Les sauterelles recouvrent le pays dévasté (Exode, X, 1-20) ;

9) Les ténèbres s'installent pendant trois jours (Exode, X, 21-29) ;
10) Enfin, tous les premiers-nés des Égyptiens (enfants et animaux) meurent en une nuit. (Exode, XI, 1-10 ; XII, 29-32).

Après la mort de son fils que Yahvé n'a pas épargné, le pharaon se résout à laisser partir les Hébreux. Le livre de l'Exode, traditionnellement attribué à Moïse, raconte la fuite des Israélites hors d'Égypte. Le récit de la Pâque — fête d'origine pré Israelite — et de la Fête des Azymes — fête agricole — est l'annonce du salut accordé par Dieu à son peuple en infligeant à l'Égypte une dixième et ultime plaie : la mort des premiers-nés. Cette Pâque juive annonce la Pâque chrétienne ; elle repose comme elle sur un acte de Rédemption qui s'organise autour d'une célébration et de rites comme ceux du sacrifice et du repas.

Trois mois après avoir quitté l'Égypte, les Hébreux atteignent le désert du Sinaï. Moïse confie le peuple à son frère Aaron et se rend au mont Sinaï. Après quarante jours et quarante nuits de jeûne, le prophète reçoit de Dieu les Dix Commandements, fondement de l'Alliance entre Yahvé et son peuple (Exode, 20, 1-17 ; Deutéronome, V, 6-21). Lorsque

Moïse rejoint les Hébreux, il voit que ceux-ci n'ont pas eu foi en Dieu : avec l'aide d'Aaron, ils ont construit une divinité à l'image d'un Veau d'or qu'ils idolâtrent (Exode, 32, 1-6). Le courroux de Moïse est si grand qu'il s'empare des tables de la Loi qu'il a reçues de Dieu et les brise, avant de brûler la statue de l'idole. Cependant, le prophète supplie Yahvé de ne pas s'éloigner de son peuple et de lui pardonner ; Yahvé entend sa prière et l'invite à renouveler l'Alliance sur le mont Sinaï. Moïse redescend de la montagne quarante jours plus tard, avec deux nouvelles tables de la Loi (Exode, 34, 1-28).

Les Dix commandements sont les préceptes qui, d'après le livre de l'Exode de l'Ancien Testament, ont été donnés par Dieu à Moïse sur le mont Sinaï. Sous la forme d'interdictions et de règles inaltérables et écrites, ils régissent, sans distinction entre activité religieuse et profane, toute la vie privée et sociale. Les tables de la Loi sont porteuses de promesses de salut et regroupent en fait les principes moraux fondateurs de la culture occidentale.

Le peuple hébreu s'engage dès lors à suivre la Loi de Moïse (ou loi mosaïque), qui prône un monothéisme rigoureux, ainsi que la crainte et l'amour d'un Dieu invisible, omniscient et tout-puissant.

Après quarante années d'Exode, les Hébreux arrivent au pays de Canaan. Au seuil de la Terre promise, Moïse — âgé de 120 ans (Deutéronome, 34, 7) — meurt au sommet du mont Nébo, en face de Jéricho. Yahvé lui fait voir tout le pays de Canaan, sans toutefois lui permettre d'y entrer. Avant de mourir, Moïse désigne Josué comme successeur et remet les tables de la Loi aux anciens afin qu'ils en poursuivent l'enseignement au peuple.

Il ne s'est plus levé en Israël, de prophète pareil à Moïse, lui que Yahvé connaissait face à face.

Dans la culture occidentale, Moïse est l'intercesseur, il représente l'homme dans son face-à-face avec l'Éternel : « Il ne s'est plus levé en Israël, de prophète pareil à Moïse, lui que Yahvé connaissait face à face » (Deutéronome, 34, 10). Il est celui qui oppose la Loi de l'Unique aux idoles du pouvoir et de la richesse, celui qui traverse l'exil, conduisant son peuple jusqu'au seuil de la Terre promise. Le récit de la traversée du désert est pour Israël, pendant les siècles d'exil, le symbole des épreuves de la diaspora et l'espérance du retour à Jérusalem. Moïse est souvent mentionné dans le Nouveau Testament. Il apparaît pendant la Transfiguration du Christ en tant que représentant de la Loi (Évangile selon saint Matthieu, 17, 3) et son rôle dans l'Ancien Testament est évoqué dans l'Épître aux Hébreux par comparaison à celui du Christ (Épître aux Hébreux, III, 1-6). Il est également cité dans l'Évangile selon saint Jean (I, 17) pour étayer l'explication de la mission christique.

On dispose de peu de données sur la vie réelle de Moïse, à tel point que l'historien Édouard Meyer a pu déclarer, en 1906, que Moïse n'est pas un personnage historique. L'historien des religions André Chouraqui note dans son ouvrage *Moïse* (1994) que chaque biographe s'est davantage projeté lui-même dans le personnage de Moïse, plutôt qu'il n'a éclairé objectivement sa dimension historique. Ainsi, à la suite de l'historien juif Flavius Josèphe — qui évoque le premier l'existence du prophète dans ses *Antiquités judaïques* —, Philon d'Alexandrie dresse, au Ier siècle, un tableau littéraire de *la Vie de Moïse,* tandis que Grégoire de Nysse donne, au IVe siècle, dans sa *Contemplation sur la vie de Moïse* une interprétation chrétienne. Sigmund Freud adopte, quant à lui, une approche psychanalytique dans *Moïse et le Monothéisme* (1939), alors que Martin Buber, dans son *Moïse* (1946), s'attache à analyser d'un point de vue philosophique la dimension rationnelle de la religion.

La tradition attribue à Moïse la rédaction de l'ensemble des cinq premiers livres de l'Ancien Testament (Genèse, Exode, Lévitique, Nombre et Deutéronome) regroupés sous le titre de Pentateuque, et qui forment la Torah, « la Loi ». Toutefois, les exégètes bibliques affirment que ces textes sont le fruit d'un travail collectif.

Le bas de la montagne c'est l'ignorance, et la vision est floue.

Le sommet de la montagne, c'est la connaissance et la vision est précise et nette.

Voilà même le passage de la sainte bible qui a attiré mon attention et j'ai eu à pousser ma réflexion là-dessus. De ce cas très pratique, nous nous sommes mis à la réalisation de présent travail par des durs labeurs.

Moïse est sur la montagne, le peuple au bas de la montagne : les réalités sur la montagne sont très différentes de celles au bas de la montagne : l'aspect de la gloire de l'Eternel était comme un feu dévorant au bas de la montagne tandis que Moise sur la montagne voit la nuée, entend la voix de Dieu, reçoit un livre écrit par Dieu lui-même (le décalogue). Pour franchir la montagne cela demande un effort physique mais descendre de la montagne ne demande pas vraiment de force et d'énergies.

Pour le peuple, Moïse est brulé par le feu sur la montagne du faites que déjà eux même voyaient le feu sur la montagne. Certaines situations que traversent un chrétien paraissent aux yeux de beaucoup comme une fournaise ardente dans laquelle l'Eternel l'a plongé, or en réalité lui-même ne vit pas ce que les autres au bas de la montagne, il est dans la Gloire de Dieu. C'est alors que le peuple voyant que Moïse tardait à descendre de la montagne, s'assembla au tour d'Aron et lui dit : « Allons, fais-nous un Dieu qui marche devant nous, car ce Moïse, cet homme qui nous a fait sortir pays d'Egypte, nous ne savons ce qu'il est devenu ».

Le vrai problème du peuple se situe au niveau de la netteté de la vision, Moïse voyait une chose et le peuple une autre, respectivement la nuée et le feu. Quand on voit mal, on commet beaucoup d'erreurs.

LA VISION SUR LA MONTAGNE

C'est le même cas, quand on regarde les nuages ici-bas, on croit voir des blocs de glace que rien ne peut traverser (percer), mais quand on prend l'Avion, au décollage tout semble normale, à une certaine altitude on pénètre une couche que l'on apercevait de très loin comme bloc de glace, là la réalité c'est que nous pénétrons dans la nuée. Ce moment nous place entre le ciel et les nuages. Que les réalités de la vie ne te perdent pas, car seul ceux qui prennent le vol comme des aigles vont très loin et réussissent la vie.

Un cas encore Biblique est celui de Balaam, Balak et le peuple de Dieu (Israël) [Nombres, 22 et 23], Balaam : ''*Je le vois du sommet des rochers, je le contemple du haut des collines, c'est un peuple qui a sa demeure à part, et qui ne fait point partie des nations* ». [Nb 23,9]

Tout commence au chapitre 22 du livre des Nombres, le 3è verset stipule que : *''Moab fut très effrayé en face d'un peuple aussi nombreux, ...''* ;

Ta position te donne la force ou la faiblesse devant l'adversaire, en même temps ta position influence ta vision et ta détermination. Ta position influence encore ta personnalité et ta vie.

Balak voit Israël en face, c'est ainsi qu'il voit un peuple aussi nombreux et qu'il pouvait maudire par l'entremise de Balaam, tandis que Balaam connaissant le secret de la hauteur ou le principe de l'élévation, est parti sur le rocher pour exécuter la demande de Balak et à son tour il voit un peuple qui a sa demeure à part et qui ne fait point partie des nations. La vraie question : « Que voit réellement BALAAM sur la montagne ? », trouvons la réponse en remontant un peu plus haut dans le même livre : en son deuxième chapitre, versets 2è, 10è,17è, 18è, et 25è. **Ordre pour le campement,**

1) Verset 2 : **A l'Orient** : les tributs de
    1. JUDA
    2. ISSACAR
    3. ZABULON
2) Verset 10 : **Au Midi** : les tributs de
    1. RUBEN
    2. SIMEON
    3. GAD
3) Verset 17 : **Au Milieu** :
    1. Tente d'Assignation

2. Levi

4) Verset 18 : **A l'Occident** :

1. EPHRAÏM
2. MANASSE
3. BENJAMIN

5) Verset 25 : **Au Nord** :

1. DAN
2. ASER
3. NEPHTALI

Au 34è verset, ... *C'est ainsi qu'ils campaient, selon leurs bannières ; et c'est ainsi qu'ils se mettaient en marche, chacun selon sa famille, selon la maison de ses pères.*

Essayons de représenter cela en image pour voir réellement ce qu'a vu Balaam du haut des rochers.

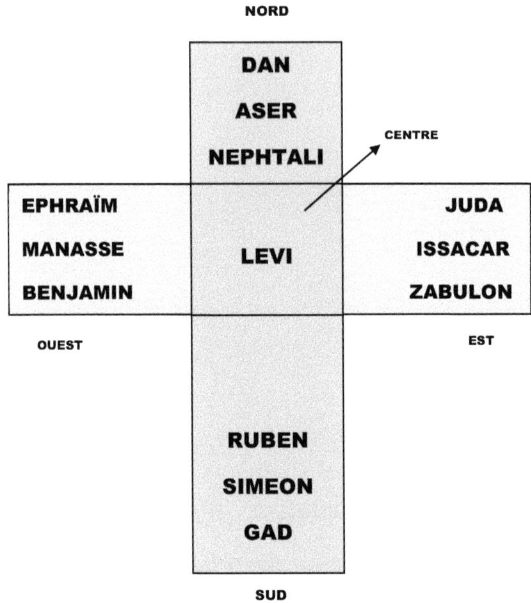

Fig. 2. VUE DE BALAAM SUR LA MONTAGNE

L'image sur la Fig.2. Est à peu près ce qu'a vu Balaam sur le rocher, c'est la forme de la croix. Et aujourd'hui tous les chrétiens sont sous la croix de Jésus. Donc lui, il voit une croix au lieu d'un peuple comme Balak. Sa position a influencé sa vision, il déclare : ''c'est un peuple qui a sa demeure à part.

Beaucoup des gens élevés expliquent souvent ce qu'ils voient dans leurs élévations (succès), notre compréhension dépend de notre position. La prédication de la croix est une folie pour ceux qui périssent ; mais pour nous qui sommes sauvés, elle est une puissance de Dieu (1Corinthiens 1, 18).

Israël est un peuple avec une forme prophétique, la croix. Beaucoup savent que Jésus est mort à la croix, mais ne savent pas l'impact de la croix dans vie du chrétien. A cause de la croix de Jésus, les chrétiens sont sauvés et cachés sous la gloire de Dieu.

La vision influence même le parler et le comportement.

L'Eglise aujourd'hui est à un stade de vie d'élévation (croissance) or dans l'élévation il y a la concurrence, la course. Seul le plus rapide l'emporte, le plus fort domine. C'est ainsi que Paul dit : « je cours de manière à remporter le prix » (1 Corinthiens 9,24 ; Philipiens 3,14).

L'altitude qu'atteindra un avion dépend de sa performance. Un petit porteur est à quelques pieds d'altitudes de la terre par contre, un grand porteur ira encore plus haut.

Je voudrai m'adresser à toutes les églises chrétiennes, en criant ci fort, souvent les vrais ont honte de se prononcer, car ils regardent à leurs natures, leurs forces, leurs capacités, leurs défauts. Cas échéant :

1. Moïse : *« je ne sais pas parler* »
2. Jérémie : «*je suis un enfant* »
3. Gédéon : « *ma famille n'est rien* »
4. Jacob : « *Esaü est velu* » Gen 27,11-15
5. Jean Baptiste : « *C'est moi qui ai besoin d'être baptisé par toi, et tu viens à moi !* » Mat 3,14

Nous sommes au temps où les vrais doivent le démontrer, si tu aimes Jésus, montre-le. En ce temps ici, l'église a besoin des gens comme David quand il veut combattre Goliath ; Pierre qui coupe l'oreille de Malchus (Jean 18,10).

Eglise du seigneur Jésus, ne regardons plus à nos faiblesses, prenons courage, seul le courage t'amènera au-dessus de la montagne, dans l'élévation. Peu de ceux qui sont vrai sont courageux.

Or la même œuvre de Dieu, il y en a qui touchent aux fétiches pour faire des exploits, et parlent avec beaucoup du courage comme s'ils étaient très vrai plus que les vrais eux même. Ceux qui ont Dieu ont peur même de paraître à la télévision, même d'annoncer l'évangile. Pour atteindre le sommet, il faut courir, traiter son corps durement, se fortifier et prendre courage. C'est ainsi que tu peux avoir Dieu en toi mais opérant à un niveau très bas ; et un autre à Dieu opérant à un plus haut niveau en lui.

Quand Dieu parle à Josué, il lui dit ''*Prends courage*''. Sans courage on ne peut rien faire dans la vie. L'univers est une toile d'araignée, pour y marcher il faut être une araignée. C'est dire que le monde est constitué par différents êtres liés entre eux comme une toile d'araignée. Et cet homme qui est dans un réseau de relation, a pourtant une valeur propre ; de ce fait, nous avons des valeurs de l'homme (manger, boire, dormir, …) et des valeurs humaines (saluer, faire un don,). Je suis parce que nous sommes, et puisque nous sommes, je suis. Le sang, le nom, la langue, l'éducation, tout cela nous vient des autres. L'homme n'est pas un être isolé, exister, c'est être membre de l'univers, d'une communauté, d'une famille, d'une église, d'un groupe …d'où l'impératif de solidarité, convivialité.

Dieu veut dire à Josué malgré cette diversité, harmonise-toi avec ceux qui te contrediront. Ceux qui sont statique, posent problème dans l'épanouissement (croissement) de l'église. Ne t'habitue pas à Dieu, évolue avec Dieu et ne reste pas statique. Un cas échéant avec les Apôtres et Paul, le sanhédrin et les Apôtres. Pour les Apôtres, un païen reste un païen, car leurs missions étaient de sauver (chercher) les brebis perdues de la maison d'Israël, par contre Paul reçoit la mission d'aller cers les païens donc celui-ci peut se convertir et Dieu est pour tout le monde. Mon père agit, moi aussi j'agi est la réponse de Jésus aux pharisiens quand ils lui interdisent de prêcher la bonne nouvelle. Ce qui est réel, c'est que Dieu notre Père ne voit pas les choses comme nous les humains, Jonas voit les habitants de Ninive comme des gens que Dieu pourrait éliminer de la face de la terre car le péché est en abondance chez eux, mais Dieu voit son investissement cherche à le rentabiliser, alors il fit pousser un ricin dans une nuit et dans une autre nuit le ricin sécha. Voyant l'inquiétude de Jonas, il lui dit tu te soucie pour ce que tu n'as pas planté, alors moi qui est créé ces hommes combien je peux me faire des problèmes pour les récupérer. Jean Baptiste envoi ses disciples demander à Jésus si c'est lui le Messie ou il faudra attendra la venue du Messie ? Alors que lui-même Jean présente Jésus dans le Jourdain comme le Messie. La réponse de Jésus aux disciples de Jean Baptiste est grande envergure et justifie notre existence aujourd'hui : « *la bonne nouvelle est annoncée, les aveugles voient, les captifs sont délivrés, les sourds entendent, les muets parlent, les boiteux marchent, les morts ressuscitent, ceux qui sont courbés se redressent »* (Mat.11, 2-5). Dieu utilise tout pour son œuvre même les pierres.

Le miracle étant un acte qui déroge aux lois surnaturelles et qui est attribué à une puissance divine, chose étonnante, extraordinaire, tandis qu'un prodige est un événement extraordinaire, inexplicable. Il est écrit : « *Voici les miracles qui accompagneront ceux qui auront cru, ...* » (Marc 16, 17 ; La grande question actuelle qui touche plus les chrétiens est « les miracles ». Pour beaucoup, ce comme s'il y a une ligne de conduite à suivre pour qu'un miracle s'opère. Il y a plusieurs sortes des miracles, tous ne peuvent pas s'opérer de la même manière sinon Dieu cesse d'être Dieu. Les miracles dépendent aussi de la dimension de ta foi, du niveau de relation que tu as avec Dieu, et aussi de la nouvelle Dimension où Dieu veut t'amener. Car lui-même Jésus dit que : « *vous ferrez plus que moi* », nous comprenons par là qu'il y a des miracles non mentionnés dans la bible (que Jésus n'a pas opéré) qui s'opéreront de nos jours.

J'écoute à la radio un jour un grand homme de Dieu que je ne voudrais pas ici citer le nom, qui fait son témoignage d'où Dieu l'a pris, ce qu'il disait des grandes églises qui croissaient (miracles, foules, succès, hauteur,) quand il était au *bas de la montagne* (profane, faible début, ignorant), et comment il a changé de langage quand Dieu l'amena aussi dans cette Dimension qu'il croyait de Fétiches, des magies, des incantations. Un jour il a vu son église croitre, des miracles s'y opérer, la main de Dieu très forte, son nom devenir très grand dans la ville, le pays et partout au monde. Ah, que l'Eternel est merveilleux et redoutable. L'Eternel a tout fait avec un but et chaque chose à son temps. Beaucoup de ceux qui sont indigents (de la poussière et du fumier) racontent et méprisent ceux qui sont dans la cours des grands, car, ne sachant pas la réalité de cette dernière, se méfient du parcours pour accéder à la grandeur. Surprenante chose, ce qu'après l'élévation le langage de la même personne change et devient très optimiste que sceptique.

Jésus fut transporté à la montagne par le diable, parce que celui-ci connaissait le secret de la montagne ; et de là, il lui fait voir tous les royaumes de la terre et lui demande de se prosterner devant lui afin qu'il lui donna le pouvoir sur tout et les richesses, oubliant que Jésus était le fils de Dieu et qu'il avait une autre mission que celle gagner le pouvoir et les richesses par des simples voies. C'est ainsi que vous voyez qu'après sa résurrection, Jésus dit : « *tout pouvoir m'a été donné sur la terre et dans les cieux, ...* », Donc le diable voulait juste lui donner le pouvoir sur la terre et non dans les cieux. Je m'adresse directement à tout chrétien en fortifiant la foi telle que ce n'est pas le moment présent qui détermine ce que tu seras demain comme le prédisent quelques-uns. Dieu élève qui il veut, il abaisse qui il veut encore. Dieu résiste aux orgueilleux mais il élève les humbles. Ta situation actuelle dépend de l'instruction que Dieu veut te donner, car chaque chrétien est à l'école de Dieu selon son cas et le bon gré de Dieu lui-même.

Les grands du monde ne badine pas avec la grandeur, ils paient tout le prix pour l'obtenir et la conserver ; c'est alors que l'Apôtre Paul traite durement son corps car il faut que les actes du corps physique meurent pour atteindre la grandeur, et un maintenir un certain leadership très grand et prospère. D'où, la notion du leadership qui incarne toute la personnalité de Jésus qui enseignait avec autorité et pas les scribes. Nous ne voulons pas ici vraiment parler du leadership, mais seulement nous avons ouvert une brèche de la grandeur (la montagne) qui reflète le leadership.

Nous avons aussi la parabole de l'ivraie (Mat.13, 24-30) qui stipule que : « *le royaume des cieux est semblable à un homme qui a semé une bonne semence dans son champ. Mais pendant que les gens dormaient, son ennemi vint, sema de l'ivraie parmi le blé et s'en alla. Lorsque l'herbe eut poussée et donnée du fruit, l'ivraie parut aussi. »* Au 26è verset du même passage, les serviteurs du maître de la maison vinrent lui dire : Seigneur, n'as-tu pas semé une bonne semence dans ton champ ? D'où vient donc qu'il y a de l'ivraie ?

Pour les hommes le jugement est directe et la condamnation instantanée. L'homme est limité dans sa réflexion, vision, sagesse, … ils ont ignoré beaucoup des choses de l'agronomie en proposant que l'ivraie soit déracinée (arrachée) oubliant que le blé aussi en partie serait emporté dans le même opération et qu'il y aurait une perte au lieu de gain au moment de la moisson (verset 28 du même passage : ''*veux-tu que nous allions l'arracher ?''*).

Lisons la pensée du maitre de la moisson aux versets 28 à 30 : « *c'est un ennemi qui a fait cela, de peur qu'en arrachant l'ivraie, vous ne déraciniez en même temps le blé, ... laissé croître ensemble l'un et l'autre jusqu'à la moisson, à l'époque de la moisson, je dirais aux moissonneurs : Arrachez d'abord l'ivraie, et liez-la en gerbes pour la bruler, mais amassez le blé dans mon grenier ».*

Le vrai problème de l'église chrétienne contemporaine est que nous avons aussi des infiltrés que l'ennemi a injecté dans l'œuvre. Ceux qui sont vrai et ceux qui sont faux. Dans la réponse que Jésus donne aux disciples de Jean Baptise, nous avons l'image des vrais qui sont rejeté par certains, et l'image des faux qui à leur tour sont acceptés par d'autres (la masse). Cela donne une impression que l'évangile de Jésus Christ est apprécié par les hommes et non pas par Dieu. Les hommes ont tracé leur ligne de conduite et veulent que les évangélistes s'adaptent à leur passion qu'à l'écoute et la mise en pratique de ce que Dieu recommande. De ce fait, nous avons des vrais qui font ce que veulent les hommes et d'autres non, tandis que les faux eux n'ont pas d'autres alternatives que de perdre le peuple de Dieu et les vrais.

Le maitre de la moisson dit : « laissez les deux croitre ensemble, à la moisson ils seront séparé l'un de l'autre. Donc, même pour le faux, il y en a qui croient en Christ et après l'Esprit les conduit vers le vrai. C'est ainsi que Jésus dira encore « la bonne nouvelle est annoncée, les aveugles voient, … Quel que soit la voit utilisée pour annoncer l'Evangile, les âmes sont sauvées.

Dans l'histoire de l'église, il eut beaucoup des révolutions qui ont fait que l'Eglise de réveil naisse ; on dirait que dans le parcours (évolution), certaines églises (doctrines) étaient fausses, mais pour Dieu, la connaissance augmente (la prophétie s'accomplie au fil du temps). Il y a accroissement de l'Eglise, et un peu plus tard on parlera de la 3è vague de l'église.

Je suis fier de l'annoncer, qu'une quatrième vague est sur le point d'arriver et une 5è encore sur le point de départ. Donc, il faut tenir fort car beaucoup croiront à l'Antéchrist comme au temps de Jésus lui-même où l'on le traita de Belzébul alors qu'il était lui-même le christ, le messie (les pharisiens n'ont pas cru à la vague de Jésus (vent amené par Jésus).

Dieu seul prépare cette Génération. Il y a des enfants qui sont conçus par le Saint Esprit comme Jésus, ces enfants-là vont surprendre le monde avec les autres vagues du Saint Esprit. Dieu suscite cette génération en particularité en leur donnant :

a. De l'intelligence comme au temps de Moïse pour construire l'arche de l'alliance
b. De la sagesse
c. La connaissance de la chose de Dieu

Satan de son côté suscite une autre génération qui vient par l'union des Hommes (homme et femme) avec des esprits impurs et d'autres enfants aussi qui viennent par des rapports illicites (non conclu par un mariage). Les enfants provenant de ces types de relations ont une particularité :

a. Insoumission

b. Inhumain

c. Désorienté

d. Aime le bien sans peine

e. Irrésolu et insatisfait

En réalité, ces deux générations existeront au même moment. Vous les reconnaitrez par leurs fruits car, tous viendront avec le même message et le même style. Rien ne les différenciera du tout, seulement l'œuvre de chacun sera manifeste. Les deux parleront de la moisson qui est grande mais peu d'ouvrier. C'est ainsi qu'il est écrit : « *Ceux du peuple qui connaitront leur Dieu agiront avec fermeté.* » Daniel 12

Dieu était capable de faire apparaitre Jésus sur la terre sans passer par une naissance d'une femme.

Du temps de Jésus, la Masse (Peuple) était pour lui, les Scribes, les Pharisiens, le Sanhédrin, … étaient contre la doctrine amené par Jésus. L'Homme de foule, de spectacle aujourd'hui est jugé par ses homologues, ceux qui ne connaissent rien (sans révélation, sans lumière) et ceux qui cherchent à nuire son ministère.

MON APPEL : DIEU FAIT DE MOI SON SERVIETUR

Je voudrais ici encore saisir de l'opportunité pour parler un peu de mon appel au service de Dieu en passant par les quelques réalités que j'ai eues moi-même à traverser avant, après et pendant mon accomplissement pour cette œuvre. Je suis né un certain 24 Mai en 1985 dans une ville de mon Pays justement à LIKASI (JADOTVILLE), ainé d'une famille de 9 personnes dont trois qui ne sont plus et que je salue leurs mémoires en passant : Yannick TSHILOMBO, Arsène MULUNDA et Gloire TSHIPAMBA. Et 5 autres encore dont 2 filles et 3 garçons. Ma famille est Catholique engagée, mon enfance semble très drôle, mon parcourt sur la terre semble aussi échapper à mes parents et proches. En 2007, vers le mois de Février dans la même ville de naissance « Likasi » que tout a commencé.

Table des matières

Printed by Books on Demand GmbH, Norderstedt / Germany